DE VENDEDOR PARA VENDEDOR

Aspectos a considerar sobre as relações com o cliente

OBRA ATUALIZADA CONFORME
O **NOVO ACORDO ORTOGRÁFICO**
DA LÍNGUA PORTUGUESA.

Dados Internacionais de Catalogação na Publicação (CIP)
(Jeane Passos de Souza – CRB 8ª/6189)

Gonçalves, Carlos Icarahy
    De vendedor para vendedor: aspectos a considerar sobre
as relações com o cliente / Carlos Icarahy Gonçalves. – 6.ed.–
São Paulo: Editora Senac São Paulo, 2018.

    ISBN 978-85-396-2214-6 (impresso/2018)
    e-ISBN 978-85-396-2215-3 (ePub/2018)
    e-ISBN 978-85-396-2216-0 (PDF/2018)

    1. Administração - vendas   2. Atendimento ao cliente
3. Satisfação do cliente   I. Título. .

18-722s   CDD-658.81
                                                            658.812
                                            BISAC BUS058010
                                                    BUS018000

Índice para catálogo sistemático:
1. Administração - Vendas   658.81
2. Atendimento ao cliente   658.812

❖ CARLOS ICARAHY GONÇALVES ❖

DE VENDEDOR PARA VENDEDOR

ASPECTOS A CONSIDERAR SOBRE
AS RELAÇÕES COM O CLIENTE

6ª edição

Editora Senac São Paulo – São Paulo – 2018

ADMINISTRAÇÃO REGIONAL DO SENAC NO ESTADO DE SÃO PAULO
Presidente do Conselho Regional: Abram Szajman
Diretor do Departamento Regional: Luiz Francisco de A. Salgado
Superintendente Universitário e de Desenvolvimento: Luiz Carlos Dourado

EDITORA SENAC SÃO PAULO
Conselho Editorial: Luiz Francisco de A. Salgado
Luiz Carlos Dourado
Darcio Sayad Maia
Lucila Mara Sbrana Sciotti
Jeane Passos de Souza

Gerente/Publisher: Jeane Passos de Souza (jpassos@sp.senac.br)
Coordenação Editorial: Luís Américo Tousi Botelho (luis.tbotelho@sp.senac.br)
Márcia Cavalheiro R. de Almeida (mcavalhe@sp.senac.br)
Administrativo: João Almeida Santos (joao.santos@sp.senac.br)
Comercial: Marcos Telmo da Costa (mtcosta@sp.senac.br)

Preparação de Texto: Fátima Carvalho
Revisão de Texto: Edna Viana, Ivone P. B. Groenitz (coord.)
Capa: RW3 Design
Projeto Gráfico e Editoração Eletrônica: Marcio S. Barreto
Impressão e Acabamento: Gráfica CS Eirelli

Proibida a reprodução sem autorização expressa.
Todos os direitos desta edição reservados à
Editora Senac São Paulo
Rua 24 de Maio, 208 – 3º andar – Centro – CEP 01041-000
Caixa Postal 1120 – CEP 01032-970 – São Paulo – SP
Tel. (11) 2187-4450 – Fax (11) 2187-4486
E-mail: editora@sp.senac.br
Home page: http://www.editorasenacsp.com.br

© Carlos Icarahy Rosa Gonçalves, 2001

Sumário

Nota do editor 7

Apresentação 11

Introdução 13

Etapas de vendas 23

Pré-aproximação 29

Atenção 45

Interesse 59

Desejo 77

Ação 85

Índice geral 91

Nota do editor

As relações sociais pressupõem variados tipos de troca. O tempo todo negociamos e, de alguma forma, tentamos vender algo, seja uma ideia, nossa imagem, um produto. Objeto de incansáveis estudos, a área de vendas conta com técnicas cada vez mais refinadas, e, diferentemente de outras áreas, as mudanças, em vendas, vêm sempre a somar-se ao que já se conhecia no passado, nunca o anulando, pois a experiência constitui um dos mais importantes aspectos dessa profissão a um só tempo árdua e fascinante.

Fazendo uso de linguagem clara e objetiva, de seu sólido conhecimento e formação, tanto acadêmica quanto prática, o autor oferece neste livro informações e dicas àqueles que trabalham na área de vendas.

De vendedor para vendedor é mais uma publicação do Senac São Paulo, na certeza de estar contribuindo para ampliar o universo desses profissionais que, cada vez mais, assumem um papel-chave nas corporações de venda e comércio do país.

**É NECESSÁRIO AGREGAR VALOR
PARA MANTER-SE ÚTIL AO CLIENTE.**

O CONSUMIDOR ATUAL NÃO COMPRA UM PRODUTO,
MAS OS BENEFÍCIOS QUE ESTE LHE OFERECE,
E VAI VENDER MAIS QUEM SOUBER OFERECER,
NITIDAMENTE, MELHORES BENEFÍCIOS.

Apresentação

$\mathcal{R}$eza o provérbio que, para se realizar, o homem deve

GERAR UM FILHO,

PLANTAR UMA ÁRVORE e

ESCREVER UM LIVRO.

Gerei quatro filhos, maravilhosos.

Plantei milhares de árvores.

O livro começa aqui.

O que você terá oportunidade de ler a seguir está dentro do conceito de *troca de ideias* e constitui-se em uma mescla de teoria e prática.

A teoria foi absorvida em vários cursos, seminários, e nas muitas oportunidades que a vida me ofereceu.

A leitura de autores estrangeiros foi a única fonte disponível durante muito tempo, já que o tema carece de enfoque prático para o nosso mercado, cujas características são tão exclusivas quanto impressões digitais.

Aos poucos, porém, começaram a surgir autores nacionais, oferecendo uma visão realista da experiência de todos nós.

Por sua vez, a prática resultou da vivência e da observação em "campo", com a aplicação de técnicas abordadas aqui e assistindo ao trabalho de centenas de colegas junto a seus clientes.

Tudo isso foi refinado nos grandes laboratórios da sala de treinamento, do salão de vendas e do "campo", cadinhos maravilhosos onde tive oportunidade de trocar experiências, discutir e aprimorar pensamentos em conjunto com mais de um milhar de companheiros das empresas em que trabalhei: Anderson-Clayton, Bambini, Carlos de Britto (Peixe), Editora Esplanada, Fleischmann-Royal, Icamar Empreendimentos, Instituto Ana Rosa, Johnson & Johnson, Mello Imóveis, Sindicato dos Comerciários de São Paulo e Swift-Bordon, que tiveram a habilidade de me orientar ou a paciência de me ouvir durante todos esses anos. Fabulosos professores. A todos esses companheiros, minhas homenagens e profundo reconhecimento.

Este material começou a ser desenvolvido originalmente como parte do programa de treinamento de vendas para a Anderson--Clayton, em 1969, quando foi apostilado e apoiado em transparências. Sua evolução ao longo desse tempo foi enriquecida, corrigida e ampliada, bem como adaptada aos tempos modernos.

Introdução

Por mais diferente ou exclusivo que seja o tipo de atividade que você desenvolve, as vendas estarão sempre presentes.

É irrelevante saber se você trabalha com produtos, ideias, serviços ou sonhos. O objetivo final será sempre o mesmo: transferi-los para alguém, no caso, seu cliente.

Quando se consegue "alcançar" um cliente, algumas metas devem nortear os próximos passos. Entre elas, destaco a realização de novos negócios e a fidelização dos clientes conquistados.

Pense comigo: não importa o valor do que você vende, mas sim que esse cliente tem dinheiro para comprar o que você vende.

Daí pergunto: se ele compra para si, por que não compraria para presentear um ente querido?

E pergunto novamente: e se a pessoa presenteada gostar do produto e decidir também comprá-lo para presentear outra pessoa especial?

E prossigo com a seguinte pergunta: e se esses clientes (que agora já são vários) comentarem com seus amigos sobre a qualidade do que você vende e a maneira como você os atende?

São antológicas as palavras de Carl Sewell:

> ESTAMOS AQUI PARA SERVIR A NOSSOS CLIENTES, E NÃO PARA LHES CAUSAR PROBLEMAS.
>
> QUANTO DINHEIRO UM CLIENTE GASTA DURANTE A VIDA? VOCÊ SÓ QUER VENDER UMA VEZ, OU QUER FAZÊ-LO PARA SEMPRE?
>
> TORNE AGRADÁVEL DA PRIMEIRA VEZ. SE FIZER ISSO, ELE VOLTARÁ.
>
> Carl Sewell, *Clientes para sempre* (São Paulo: Harbra)

Outra coisa: respeite, confie e invista na bíblica comunicação **boca a boca**. Nenhuma outra propaganda é tão eficiente – ou prejudicial – quanto ela. A história da humanidade e todas as religiões foram transmitidas por ela. A imprensa, o marketing e a internet – ferramentas modernas que também podem ser usadas – foram inventadas muito depois.

Além disso, um esclarecimento: não acredite em ofertas do tipo:

COMPUTAÇÃO EM 15 DIAS

INGLÊS FLUENTE EM 8 SEMANAS

SEJA UM CAMPEÃO DE VENDAS LENDO ESTE LIVRO

A não ser que você seja descendente direto de Einstein ou de algum outro gênio, não acredite nessas afirmações, típicas de propagandas enganosas.

Quinze dias de treinamento são suficientes para você ter noções de DOS e Windows, mas não dá para aprender computação. Ser fluente em inglês em 8 semanas, nem morando na Inglaterra ou nos Estados Unidos. Você apenas não vai morrer de fome, mas, falar fluentemente, nem pensar.

Nenhum livro vai transformá-lo em um campeão de vendas, nem é essa a intenção deste livro.

O que se pretende aqui é apenas identificar por que algumas coisas funcionam e outras não. Usar as que funcionam e aprimorar sua capacidade profissional é uma decisão sua. Lembre-se de que

VENDER É UM APRENDIZADO SEM FIM.

E, também, não se esqueça de que todo mundo nasce vendedor. Algumas pessoas, porém, nunca se dão conta disso.

Sem nenhuma intenção de impor regras sobre alguma coisa tão espetacular quanto o relacionamento humano, considero que nossa vida é uma constante renovação, em que as atitudes de vendas se sobressaem.

O recém-nascido aprende que, chorando, ele "vende a ideia" de que está com fome ou que precisa ter sua fralda trocada.

Assim que percebe que essa "técnica de vendas" funciona, passa a usá-la para obter outras concessões, como a atenção exclusiva da mãe (e de toda a família), uma determinada comida, um brinquedo, e assim por diante. É claro que também chora quando sente alguma dor, mas aí é porque está doendo mesmo.

Quando somos jovens, aprendemos que com um jeitinho, um gesto, um muxoxo ou uma cara de vítima somos capazes de obter as concessões mais fantásticas.

Quando adultos, aprendemos que quase tudo precisa ser negociado, muitas vezes a peso de ouro.

Na terceira idade, conscientizamo-nos de que a vida constituiu-se de milhares de concessões, dadas e recebidas. O saldo, estranho somatório do positivo com o negativo, é chamado experiência.

Essa não chega a ser uma visão materialista da vida, mas a verdade é que durante a maior parte do tempo estamos realizando trocas, seja de produtos, de serviços ou de ideias.

Se você tem uma moeda de um real e eu tenho outra e as trocarmos, cada um continuará tendo um real.

Quanto a produtos, a troca de um real em moeda é representada por um real em valor agregado a alguma coisa, como, por exemplo, uma quantidade de açúcar transformada em um doce.

Em serviços, um real pode representar uma informação solicitada a algum órgão especializado.

Com referência a ideias, a relação é completamente diferente. Se você tem uma ideia e eu tenho outra e as trocarmos, cada um ficará com duas ideias e, portanto, enriquecido. Cada um de nós terá agregado um pouco mais de valor à própria experiência.

Mais difícil e complicado do que vender a um cliente é vender dentro da própria empresa.

Um plano anual de vendas, uma campanha promocional ou uma simples promoção sazonal dirigida a um cliente muitas vezes exige um esforço hercúleo de argumentação com os superiores.

Em várias oportunidades, pude observar, e até recomendar, profissionais de marketing que costumam usar técnicas de vendas adequadas para apoiar a definição de suas estratégias, e a apresentação de seus planos geralmente são mais bem--sucedidos em seus objetivos.

Por outro lado, durante estes mais de quarenta anos em que acompanhei a evolução dos conceitos mercadológicos de *Sales Oriented* (orientados para vendas) para *Product Oriented* (orientados para o produto), posteriormente para *Marketing Oriented* (orientados para o mercado) e agora se aproximando mais do *Customer Oriented* (orientados para o cliente), a grande observação que cabe é a de que as técnicas de vendas permanecem praticamente as mesmas, com pequenas sofisticações em seu linguajar.

Evoluiu também a informática.

Para clientes de grande porte o pedido de produtos de consumo está totalmente automatizado com a evolução dos sistemas *on line* e *just-in-time* (*Vendor Managed Inventory*), encarregando-se de suprir estoques e gôndolas. Assim, o consumidor começa a comprar via internet.

Com os processos de reengenharia, algumas etapas de produção e de controle foram simplificadas.

Mas ainda não se inventou um substituto para a **emoção**, capaz de transformar em palavras o perfume de uma nova fragrância. Tampouco se conseguiu dar **calor humano** aos meios eletrônicos, incapazes de substituir a turma da linha de frente na atenciosa recepção ao cliente. E o aperto de mão da despedida é **insubstituível**.

Além disso, não existe ainda mensagem que substitua o carinhoso **contato pessoal** de pós-venda, tão agradável e reconfortante para o cliente que proporciona muitas vezes um reforço posterior à sua decisão de compra.

Felizmente, para os colegas das próximas gerações de vendedores, a possibilidade de sucesso nessa área ainda está garantida, pois fica evidente que

SOMOS INSUBSTITUÍVEIS.

Vamos abordar as etapas de vendas – os fundamentos básicos do encaminhamento psicológico de vendas – que se aplicam, com as devidas adaptações, à venda de qualquer produto, ideia ou serviço.

Os métodos de comercialização e distribuição de produtos industrializados estão começando a sofrer profunda modificação, representada pela transformação dos distribuidores em *brockers*, com centros de distribuição e área de logística. Como *brocker*, o distribuidor passa a vender em nome e por conta de seu representado, não sendo mais o "dono" dos produtos em estoque, mas apenas seu depositário. Seu armazém passa a funcionar como um centro de distribuição, e sua frota de veículos e roteiros de entrega passam a ser a atividade logística de seu representado.

Cabem agora duas observações: a primeira diz respeito à origem das oportunidades de trabalho.

Quer você seja funcionário de uma empresa ou de alguém, ou mesmo um representante comercial autônomo, considere o que segue como a essência da filosofia a ser seguida.

No início de qualquer atividade comercial, geralmente uma pessoa ou dois ou três sócios se unem para explorar e desenvolver uma nova ideia, uma nova oportunidade comercial ou um novo nicho de mercado.

Como os sócios não podem conduzir sozinhos todos os detalhes da operação, para aumentar a possibilidade de gerar negócios (e, portanto, de lucro), é necessário contratar mais pessoas.

É aí que surge a oportunidade para contratar você, vendedor. Um novo colaborador é admitido em vista da possibilidade de que mais negócios sejam realizados.

Como sabemos, um dos grandes custos para qualquer atividade é a mão de obra, pois cada novo contratado representa um investimento adicional em salários, comissões, encargos sociais, espaço e treinamento.

Se pudessem, os empresários evitariam contratações, pois além do custo e do tempo de adaptação, sempre existe a dúvida sobre a eficiência de pessoas vindas de fora, não imbuídas do mesmo espírito que norteou a abertura do negócio.

A grande expectativa é de que cada novo participante contribua como um novo associado, defendendo os mesmos princípios e objetivos dos fundadores da empresa.

Você, ou qualquer outro, é contratado com base nesse grande conceito. Para defender os mesmos objetivos, e não para jogar no "outro time".

É comum observar-se funcionários com algum tempo de casa fazendo críticas negativas aos superiores, às políticas, aos métodos, etc. Não importa se esse tempo é representado por meses ou anos, o que importa é que essa pessoa deixou de ser aquele novo colaborador.

Não que a crítica seja proibida. Muito pelo contrário. A crítica é fundamental para o desenvolvimento e o sucesso de qualquer negócio, e você tem a obrigação de externar seu pensamento quando entende que existe outra maneira de resolver o mesmo problema, quando tem um ponto de vista diferente ou quando acha que outra solução seria mais adequada.

Mas isso deve ser feito de forma amistosa, com lealdade e profissionalismo, levado a seu superior imediato, e não como fofoca, "jogando para a torcida". Esta é a crítica positiva.

Mas nunca se esqueça de que a decisão final cabe ao seu superior. Independentemente de expor seu ponto de vista de acordo com sua consciência e experiência profissional, e mesmo que sua opinião não seja aceita, você tem a obrigação de executar a tarefa obedecendo às instruções recebidas e objetivando alcançar a melhor chance de sucesso.

Como você não é pago para concordar, mas sim para executar, faça o melhor possível. Como dizem os americanos: *Do your best...*

Caso as coisas deem certo, isso quer dizer que seu chefe tinha razão em manter as instruções. Caso deem errado, comprovando que seu ponto de vista estava correto, você pelo menos estará com sua consciência tranquila, pois não se omitiu, e sua próxima observação será recebida com respeito e atenção.

Cada nova oportunidade de trabalho é criada com o objetivo definitivo de contribuir para o melhor resultado econômico e financeiro de um empreendimento, e não por benemerência. Se você assumiu essa oportunidade, aproveite-a bem.

A segunda observação diz respeito à necessidade de treinamento.

Nós, vendedores, temos o mau hábito de pensar que já sabemos tudo e que não precisamos ler, discutir ou trocar ideias sobre a nossa profissão.

Isso tem um fundo de verdade, pois realmente sabemos muito sobre vendas, da mesma maneira que um jogador de futebol, um piloto de fórmula 1, um tenor famoso ou um pianista sabem tudo sobre suas respectivas profissões. Mas, observe, eles não param de treinar!

Por quê?

Porque eles querem atingir um estágio superior ao atual e pretendem se destacar de seus companheiros de profissão, pois querem ser os melhores.

Isso só se consegue com muita **dedicação e treinamento**. Essa afirmação não é novidade para ninguém. Não se trata de reinventar a roda, mas apenas de aprimorar todas as suas possibilidades de uso.

A pergunta é:

VOCÊ QUER FICAR NA MÉDIA
OU QUER SER O MELHOR?

Etapas de vendas

Vender é uma **arte** ou uma **técnica**? Diríamos que nem uma coisa nem outra. Vender bem é usar uma **técnica** com muita **arte**.

É técnica sob o ponto de vista de que o vendedor precisa conhecer profundamente seu produto e os dos concorrentes, ter ótimas noções de psicologia de vendas, conhecer-se a si próprio e a seu cliente.

É arte quando o vendedor coloca vida e calor humano em sua argumentação, dando ênfase aos argumentos que, ele sabe, influirão melhor na decisão de compra do cliente. Também é arte saber dominar suas próprias emoções e sentimentos, adaptando-se às circunstâncias do momento.

Arte ou técnica, o que importa é que saibamos unir as duas e com isso obter os melhores resultados, com menor dispêndio de tempo e energia.

Ao longo deste livro apresentaremos exemplos e argumentações relativos à venda de produtos, de ideias ou de serviços, alertando para o fato de que a similaridade de argumentos é enorme, pois o que muda é apenas *o que* está sendo vendido, e não a maneira *como* se vende, pois a mecânica é a mesma, mudando apenas o objeto.

As diferenças são sutis; se você está acostumado, por exemplo, a dirigir um automóvel, provavelmente precisará de alguma adaptação para dirigir um caminhão. Mas dirigir você sabe. É só se adaptar e treinar.

Assim, para vender alimentos, perfumes, seguros, imóveis, automóveis, pacotes turísticos ou ideias usam-se as mesmas técnicas, que dizem respeito fundamentalmente à condução do raciocínio do cliente.

Podemos considerar a venda como um processo que tem princípio, meio e fim, e identificamos como etapas de vendas:

ATENÇÃO → INTERESSE → DESEJO → AÇÃO

Ao iniciar um contato precisamos, em primeiro lugar, conquistar a atenção do cliente para nossa pessoa ou para o produto, a fim de que possamos dizer-lhe alguma coisa que desperte seu interesse. Se conseguirmos isso por meio de argumentos sólidos e consistentes, poderemos levar sua convicção a tal ponto que ele sinta o desejo de possuir o produto ou receber o serviço que estamos oferecendo, executando a ação que queremos, ou seja, assinando o contrato, adquirindo o produto ou comprando a ideia.

Esse processo, conhecido há várias décadas como AIDA, nada mais é do que a condução lógica do raciocínio do cliente na direção que desejamos.

Mas as coisas não acontecem com tanta simplicidade. Se é verdade que na maioria das vezes não precisamos percorrer todas as etapas de venda, também é verdade que em muitas ocasiões precisamos trazer de volta a ATENÇÃO do cliente, ou tornar a argumentar fortemente na etapa DESEJO, ou, ainda, fazer várias tentativas de fechamento até conseguir a AÇÃO. O que precisamos é saber identificar a ocasião em que é necessário usar maior peso na argumentação.

As etapas aqui mencionadas não ocorrem obrigatoriamente em todas as entrevistas de vendas, principalmente quando você está visitando um estabelecimento que já é cliente de sua empresa. Se o cliente já conhece os produtos e sabe quanto eles são importantes para o negócio, a simples presença do vendedor, pessoalmente ou por telefone, é suficiente para despertar no cliente uma série de lembranças ligadas à venda.

O trabalho do vendedor será necessário para se conseguir a ATENÇÃO, vender a ideia da renovação do pedido e obter a AÇÃO.

Ao atuar internamente em uma loja, algumas etapas são menos trabalhosas para o vendedor (não confundir com mais fáceis), pois o possível cliente entra espontaneamente à procura de algum produto ou serviço que pode ser encontrado no estabelecimento. É você, vendedor, quem precisa dar atenção ao cliente, pois ele já chega determinado a comprar alguma coisa.

Note que a etapa ATENÇÃO muitas vezes fica invertida, pois é o cliente quem precisa fisgar o vendedor e informar sobre sua necessidade (isso acontece em muitos estabelecimentos abertos ao público, em que os vendedores ficam conversando entre si, falando ao celular ou usando o computador).

Só é preciso descobrir o que o cliente quer e, então, conduzir e, se possível, melhorar a venda.

Para introduzir um novo serviço, vender um produto que está sendo lançado ou vender a ideia da troca de um modelo anterior por uma versão mais moderna, será necessário usar as técnicas de venda. Para isso é conveniente que o vendedor esteja treinado para usá-las.

O mercado imobiliário possui características interessantes, sendo uma atividade bastante especializada, como teremos oportunidade de observar.

Empresa aberta ou não ao público, é importante que o treinamento em técnicas de venda seja aplicado tanto aos vendedores propriamente ditos, como também aos profissionais que integram a LINHA DE FRENTE e a área de ASSISTÊNCIA AO CLIENTE:

Para a LINHA DE FRENTE, porque nela estão incluídos desde o guarda noturno, o porteiro e a faxineira, até o presidente da empresa.

Para o DEPARTAMENTO DE ASSISTÊNCIA AO CLIENTE, porque é responsável por atender reclamações, conseguir solucionar rapidamente qualquer problema e ainda fazer o trabalho de pós e de pré-venda.

Neles estão incluídas as pessoas que atendem diretamente ao consumidor e também aquelas que os atendem indiretamente. Isso significa, resumidamente, que todos, dentro da atividade comercial, estão profundamente envolvidos e COMPROME-TIDOS com o sucesso do negócio.

Os clientes externos, tanto quanto os internos, são responsabilidade de cada um dos funcionários; portanto, o melhor que se pode fazer é procurar incutir conceitos de venda em todos os membros da empresa, pois é disso que ela vive.

Se você acha que essa observação é exagerada, experimente viver sem clientes por, digamos, noventa dias.

O fato de visitarmos o cliente, ou de este procurar o estabelecimento, não garante a venda. É necessário usar as técnicas adequadas para obter o resultado pretendido.

Pré-aproximação

ste é um trabalho que antecede à venda. Chamam-se PRÉ-APROXIMAÇÃO todas as atividades que você, vendedor, desenvolve antes de conversar com o cliente sobre vendas.

Parte da PRÉ-APROXIMAÇÃO é feita ainda em seu escritório quando, ao receber a ficha do cliente ou estabelecer o primeiro contato telefônico com ele, você faz uma análise das informações comerciais, financeiras e mercadológicas disponíveis, as quais podem não ser muito amplas.

Verifique o nome correto e completo do cliente, do escritório ou empresa (existe muita diferença entre Mário Sales, Distribuidora Mario Salles, Mário Salez Consultores Associados S/C Ltda., etc.). Esse é um fator muito importante e a vaidade das pessoas é atingida quando seus nomes são alterados, escritos incorretamente ou tratados como coisa sem importância.

Se for o caso de telefonar antes para marcar um contato, aproveite a oportunidade para obter o máximo de informações possíveis.

O nome da pessoa que lhe atendeu ao telefone, assim como o da que irá lhe receber, merece a mesma consideração, seja uma telefonista, uma secretária, um estagiário ou o titular da empresa. Afinal, você ainda não sabe o quanto a opinião dessa pessoa é importante na organização.

A PRÉ-APROXIMAÇÃO, como o próprio nome diz, é uma etapa fundamental que antecede o aperto de mão ou o bom-dia ao telefone, e pode ter a duração de um segundo ou de algumas horas, dependendo das circunstâncias. Também é o momento para que o profissional de vendas defina todas as possibilidades oferecidas pelo novo cliente, ou reveja as novas possibilidades de seus clientes tradicionais.

O processo é muito parecido com o da visita ao médico. Na primeira visita, o médico conversa bastante com o novo paciente para saber o que ele está sentindo, para depois examinar, diagnosticar e prescrever.

No caso de uma nova visita, o médico já não precisa aprofundar-se tanto na entrevista, pois os detalhes anteriores estão registrados em sua ficha. Mesmo assim, é fundamental que ele converse com o paciente para avaliar a evolução ou o retrocesso do quadro apresentado na ocasião anterior.

Por mais intimamente que conheça seu paciente, o bom médico não deixa de cumprir certas rotinas, como perguntar, medir pressão, auscultar o coração e o peito, olhar o fundo dos olhos e examinar os detalhes ligados a sua especialidade.

O BOM VENDEDOR PRECISA PROCEDER DA MESMA MANEIRA.

VENDENDO VEÍCULOS

Se você trabalha em uma revenda de automóveis, em vez de ficar lendo jornal em sua mesa procure ver o carro em que o cliente está chegando, pois isso já lhe ajudará a estabelecer os primeiros pontos do perfil dele (carro importado ou nacional, novo ou antigo, bom ou mau estado de conservação, 2 ou 4 portas, utilitário ou não, cor e acessórios, etc.).

Em primeiro lugar, pergunte o nome do cliente. Depois, ele precisa ser sondado sobre o uso principal do veículo que está procurando, suas preferências quanto ao tipo de acessório, modelo, número de portas, potência e cor, se a esposa ou algum filho também vão usá-lo (a resposta a esta pergunta identifica o potencial para outras vendas futuras), se o veículo anterior entra na negociação ou vai ser usado por outro familiar, enfim, mil perguntas que lhe permitem formar um perfil consistente.

Pergunte também sobre a vida profissional do cliente, *hobbies*, quantas pessoas fazem parte da família, se possui casa de praia ou de campo, se tem o hábito de viajar aos finais de semana; enfim, o desenrolar da conversa vai lhe propiciar muitas informações úteis para o momento do fechamento do negócio.

VENDENDO NO BALCÃO DA LOJA

Se você trabalha em um magazine ou em um *shopping center*, não contando com as chances anteriormente citadas, terá que ser muito mais rápido na observação da apresentação do cliente, como qualidade das roupas e sapatos, corte de cabelo, maquiagem, mãos e unhas tratadas, etc.

Mas cuidado, pois as aparências podem enganar. Uma milionária que não liga para a aparência antes das seis da tarde é considerada informal, mas continua sendo milionária.

Há o caso da esposa de um grande industrial que, ao sair da academia de ginástica, suada e descabelada, entrou na sapataria ao lado para ver uma sandália exposta na vitrine.

A vendedora não lhe deu a menor atenção, e a senhora foi embora irritadíssima, pois em sua origem singela tinha trabalhado como vendedora em balcão.

Foi para casa, produziu-se como era de seu feitio e voltou à loja no Mercedes Benz quilométrico com motorista que, obviamente, estacionou à porta, causando um razoável alvoroço.

Fez a mesma vendedora, agora entusiasmada apesar de não a reconhecer, mostrar-lhe uma montanha de sapatos e, ao final, disse que não ia comprar nada, apenas queria mostrar-lhe que não se pode menosprezar um cliente por sua aparência, ocasião em que rememorou sua visita de algumas horas antes.

A PRÉ-APROXIMAÇÃO precisa ser feita ao mesmo tempo que se mostra alguma peça de vestuário ou um aparelho de som, pois o cliente chega de surpresa.

Verifique para qual seção ou área o cliente está se dirigindo (tão logo possa, pergunte seu nome), observe rapidamente seu tipo físico, numerações, cores, combinações, tamanhos e alternativas possíveis, pois embora alguns clientes sejam decididos, a maioria tem apenas uma vaga ideia do que está procurando, e cabe a você ajudá-lo a tomar uma decisão. Você precisa afunilar a escolha, fazendo as perguntas necessárias para identificar exatamente o produto que o cliente deseja. Digamos que a moça queira uma blusa cor-de-rosa. Perguntas necessárias: "A blusa é para a senhora?" (Se for, você sabe que o manequim é, digamos, 42). Se for para presente, você precisa que ela descreva a pessoa que vai recebê-la: tamanho, idade, estilo, cores preferidas, etc., rosa, rosa-claro ou rosa-escuro, algodão, linha ou seda, gola alta ou decotada, decote em V ou justo, manga curta, média ou longa, cintura alta, média ou baixa, e por aí vai. São muitas alternativas para um mesmo produto, e você tem a obrigação de AJUDAR a cliente a encontrar a blusa que ESTÁ EM SUA IMAGINAÇÃO.

AFINAL, É PARA ISSO QUE VOCÊ ESTÁ NA LOJA!

É muito útil desenvolver a memória, tentando armazenar a "fotografia" dos clientes mais frequentes, assim como as vendas feitas a eles, pois isso demonstra o quanto você os considera e o quanto eles são importantes para você. Assim, cria-se uma grande chance de fidelização.

Se você é um vendedor em loja, tente lembrar o que você vendeu antes ao cliente que está retornando e pergunte se funcionou corretamente, ou se a roupa foi apreciada.

Na revenda de veículos, procure saber como foi o desempenho do carro novo e se apresentou algum problema.

Na imobiliária, converse sobre a satisfação obtida com o imóvel adquirido.

Na venda de loja em loja, verifique como se deu a aceitação do novo produto.

VENDENDO DE LOJA EM LOJA

Se você é vendedor de um fabricante, atacadista ou distribuidor de produtos de consumo que visita lojas de varejo, sua PRÉ-APROXIMAÇÃO precisa ser um pouco mais elaborada, pois o que você necessita é levantar a quantidade física de produtos em estoque para então repor as faltas.

Para isso, a primeira providência, após cumprimentar o pessoal da loja, é procurar preencher todos os espaços das prateleiras, expondo o maior número possível de itens, ampliando frentes e obtendo novos espaços para seus produtos, ou seja, fazer o trabalho de *merchandising* no ponto de venda.

Assim, você reduzirá a quantidade de caixas fechadas do produto armazenado no estoque, que é o que você irá repor, já que a mercadoria exposta na área de venda costuma ser considerada vendida.

Esse trabalho de *merchandising* é fundamental para o aumento do volume de vendas e deve ser realizado em toda visita. A possibilidade de maior ou menor volume de negócios com algum estabelecimento, e não por simpatia, deve determinar a frequência de visitas, semanal, quinzenal ou mensal.

Nesse caso, a PRÉ-APROXIMAÇÃO objetiva levantar a posição física em estoque de cada produto, orientando o pedido.

Ao comparar o histórico de vendas com o estoque atual, o vendedor pode determinar tendências de crescimento ou de queda de negócios, aproveitar oportunidades ou tomar medidas corretivas.

Observe, por exemplo, os locais onde são expostas as promoções e estude a possibilidade de incluir algum item de sua linha, ou planeje alguma promoção usando as quantidades em estoque.

Essa é uma saudável maneira de ampliar vendas, de desencalhar algum item com problema de giro, ou de abrir uma nova frente para um produto no qual você tenha algum interesse específico.

Caso um produto esteja rodando pouco, ou tenha alguma chance de aproveitamento sazonal, verifique em que locais da loja é possível fazer uma exposição extra, uma oferta especial ou uma ponta de gôndola. Planeje a operação como uma atividade adicional ao movimento normal do negócio, com base nas relações custo-benefício ou lucro por metro quadrado (jamais diga que é para desencalhar o produto, pois isso é negativo para a imagem de sua linha de produtos e também para você).

É necessário ter cuidado ao repor estoques desses produtos. Afinal, seu objetivo é matar uma cobra, e não criar uma jiboia.

É importante saber como se conduziram os negócios desde sua última visita, mas esse assunto deve ser tratado com o pessoal da loja, pois o comprador sempre tentará desanimá-lo sobre aumento no volume de negócios ou inclusão de novos itens. No momento em que você for enfrentar o comprador, vai estar repleto de informações, de ideias interessantes, e mais bem abastecido de dados do que ele, o que aumenta suas chances de sucesso.

VISITANDO ESCRITÓRIOS

Se você vende serviços ou ideias (serviços de informática, *software*, turismo, investimentos, etc.) e costuma visitar escritórios de empresas ou de profissionais liberais, ao telefonar para programar uma visita informe-se sobre a disponibilidade de equipamentos e a habilidade dos funcionários no uso destes.

Caso não obtenha informações satisfatórias, sonde sobre o ramo de trabalho que representa a principal atividade, o número de profissionais (em cada ramo), o tempo de participação da empresa no mercado, enfim, dados que você pode encontrar na ficha, caso exista uma, ou perguntar pelo telefone.

Ao chegar ao endereço do cliente, observe rapidamente as condições de apresentação externa do estabelecimento, como área urbana, o tipo de imóvel e sua conservação, se há estacionamento para clientes ou outro tipo de comodidades.

No próprio escritório, amplie essa observação para a apresentação das pessoas, a qualidade dos móveis, o estilo do ambiente, se há livros expostos, diplomas, obras de arte, etc.

É muito pequena sua disponibilidade de tempo para obter o máximo de informações, por isso seja rápido e objetivo. Nem sempre você terá chance de ficar 10 minutos na sala de espera conversando com a recepcionista, caso exista. Além disso, pode ser que ela esteja muito ocupada ou que não esteja muito disposta a conversar com você.

Preocupe-se em observar aspectos ou coisas sobre as quais você possa conversar ou elogiar sinceramente, sem bajular e sem causar nenhum problema (tenha o cuidado de não elogiar a beleza da recepcionista, pois não é um comportamento adequado e pode gerar um inconveniente).

Em sua primeira visita a um estabelecimento, observe se existem livros e revistas modernos e novos, pois isso significa que o pessoal se mantém atualizado e investe em informação. Esse detalhe ganha importância adicional, no caso de seu produto contar com apoio publicitário.

Caso você esteja introduzindo uma nova linha de produtos, a presença de concorrentes ou similares é de grande ajuda, pois revela que o conceito já é conhecido, o que simplifica seu trabalho, pois você precisará apenas demonstrar a melhor soma de benefícios que seu produto oferece. Caso ele não esteja acostumado com este material, você precisará realizar duas vendas:

primeiro terá que vender o conceito do produto para depois vender o produto.

É mais ou menos como vender cigarros. Para uma pessoa não fumante, você primeiro precisaria convencê-la a fumar, para depois introduzir a marca.

Caso ela seja fumante, a argumentação para que ela experimente a sua marca ficará bem mais fácil.

**NÃO TENHA MEDO DA CONCORRÊNCIA.
APRENDA A USÁ-LA.**

Se se tratar de um escritório, verifique que equipamentos especializados ligados à sua área estão disponíveis e quem os opera.

Tente saber quais programas (*softwares*) estão instalados e aqueles usados com mais frequência, caso isso também seja importante para o fechamento do negócio. Se possui fax, é bom saber se está conectado a algum micro.

CORRETOR DE IMÓVEIS

No ramo de imóveis usados, na maioria das vezes o cliente é atraído por anúncios ou placas, o que já fornece ao corretor uma série de informações sobre localização e categoria dos imóveis pretendidos.

A PRÉ-APROXIMAÇÃO exige que o vendedor (corretor) aprofunde ao máximo as informações sobre a pretensão do comprador, por isso ele deve perguntar bastante, mas sem chegar a ser chato ou inconveniente.

A especialização em bairros, tamanhos de imóveis e outras particularidades pode permitir que a imobiliária direcione o cliente a um profissional mais gabaritado para atendê-lo.

No primeiro contato com o cliente, o corretor deve procurar descobrir a composição familiar, hábitos de lazer, expectativas relativas ao novo imóvel, dinheiro disponível (próprio ou financiado), além de outras características, como preferências ou limitações relativas a andar alto ou baixo (algumas religiões não usam elevadores em determinados dias), ruas, corredores de trânsito, avenidas principais, praças, pequeno comércio, etc.

Absorvendo o perfil básico de seu novo cliente em potencial, o corretor, que deve conhecer uma grande quantidade de imóveis, parte para a seleção de algumas unidades para realizar uma primeira visita, com o objetivo de refinar o perfil.

Se possível, o corretor deve visitar a atual residência do cliente para melhor conhecer os aspectos ligados ao tamanho e à quantidade de móveis e objetos, o espaço de salas, quartos, área de serviço, garagens, etc.

Perceba, portanto, que se trata de uma longa PRÉ-APROXI-MAÇÃO, alicerce (não se trata de trocadilho) para o sucesso do negócio.

RESUMINDO AS COISAS

Como podemos observar, a PRÉ-APROXIMAÇÃO é sua grande oportunidade, vendedor, de obter informações importantes. Devemos, porém, ter o cuidado de não assustar o cliente com excesso de perguntas ou com atitudes que causem angústia.

As perguntas devem ser feitas de maneira informal, como em um bate-papo descontraído entre amigos.

Essas recomendações não são meras atitudes de bisbilhotice, mas sim coleta de ferramentas que seguramente você precisará usar durante a futura entrevista.

Estabeleça seus objetivos de venda com relação a esse cliente, considere as informações já disponíveis, e organize mentalmente as informações em ordem de importância.

Caso sua memória não seja muito boa, procure montar uma discreta lista.

Estabeleça um segundo objetivo de venda, para o caso de não obter êxito no primeiro.

Veja que agora você possui as seguintes informações em mãos:

- nome da pessoa a quem vai visitar;

- categoria social das pessoas ou do estabelecimento, número de profissionais e qualidade de atendimento, podendo avaliar padrão de clientela, de renda, etc.;

- principais interesses e gostos da pessoa ou ramo de especialização do escritório;

- nível de recursos financeiros e disponibilidade para investir em compras.

A essa altura, você já pode PLANEJAR sua venda, pois está ORGANIZADO e com OBJETIVOS DEFINIDOS.

Considere o seguinte:

a) Se, em vez de usar o tempo disponível para fazer uma boa PRÉ-APROXIMAÇÃO, você chega ao estabelecimento do cliente e "queima" seu tempo lendo a revista do mês passado que está na mesinha da recepção, no momento em que se sentar com o cliente terá que improvisar 100% de seu trabalho. (Não acredite e nem adote a famosa expressão: "Eu tiro de letra", pois ela é falsa.)

O mesmo ocorre na revendedora de veículos ou no magazine. Se você fica esperando o cliente se aproximar e não lhe dá a devida atenção, ele vai tomar a decisão de comprar (ou não comprar) sozinho.

Quando vocês (comprador e vendedor) se aproximarem, como a decisão já foi tomada, você não terá mais muita condição para modificar a decisão do cliente ou terá de trabalhar em dobro para ter êxito na venda.

O pior é que você se transforma em um mero anotador de pedidos e a entrevista será conduzida pelo cliente, que comprará o que quiser e se quiser, e não o que você gostaria ou poderia lhe vender.

Como você não conhece a situação dele por não ter feito uma PRÉ-APROXIMAÇÃO, seus argumentos não têm consistência.

b) Se você faz uma boa PRÉ-APROXIMAÇÃO, todos os dados estarão em suas mãos e você conduzirá a entrevista de acordo com os seus interesses.

Como você pôde planejar a maior parte de sua argumentação, só terá de improvisar 50% da entrevista (os outros 50% dependerão do que ele objetar).

À medida que amplia suas informações, você monta um perfil de seu cliente.

Caso você não conheça previamente a pessoa, não deve assumir a atitude de supor que vai enfrentar uma pedreira, mas também não deve esperar moleza.

O ideal é que você complete sua PRÉ-APROXIMAÇÃO com o máximo de objetividade e sem prejulgamentos, que costumam ser falsos.

Quando o cliente entra no estabelecimento em que você trabalha, receba-o como um amigo (os inimigos não entram aqui) e com o máximo de civilidade e simpatia.

Existe um fator psicológico antiquíssimo, várias vezes citado na Bíblia, que começa agora a ser mais bem traduzido e interpretado pela comunidade científica.

Como você sabe, nossa mente possui uma quantidade enorme de neurônios, responsáveis pelo funcionamento de todo o nosso organismo. Existe uma "família" de neurônios que orienta nossas emoções e, dentro dela, uma área chamada de **neurônios-espelho**, que age como reflexo do que observamos.

Você se emociona com uma cena comovente de novela ou filme, chegando às lágrimas, da mesma maneira que sente vontade de bocejar quando alguém boceja perto de você, ou se espreguiçar quando alguém se espreguiça.

Em nosso cliente, os mesmos neurônios-espelho são induzidos a reagir, como resposta à nossa atitude.

Se você atende alguém com má-vontade, essa pessoa vai embora com uma sensação de desagrado ou desconforto.

Se você recebe uma pessoa com um sorriso e um semblante agradável, a tendência de seu cliente é de se sentir bem-vindo e acolhido, o que o predispõe positivamente para o contato com você.

VOCÊ JÁ FOI VÍTIMA DESSAS SENSAÇÕES VÁRIAS VEZES. PROCURE SE LEMBRAR DE COMO SE SENTIU EM CADA UMA DELAS.

Imagine que o cliente que vai recebê-lo no escritório ou aquele que entra em uma loja o tratará amistosamente, com cordialidade e educação. Prepare-se para retribuir com os mesmos sentimentos.

Do ponto de vista psicológico, ao se preparar para ser bem recebido e causar simpatia, você induz seu interlocutor a tratá-lo da mesma maneira.

Isso é verdade tanto no sentido positivo, conforme descrito anteriormente, quanto no sentido negativo, quando você decreta que o cliente vai recebê-lo mal e não vai comprar. Isso se chama PROFECIA AUTOEXECUTANTE.

Você já observou que algumas pessoas têm o dom de atrair forças negativas?

Se entram em um táxi, discutem com o motorista; se vão comprar uma revista, desentendem-se com o jornaleiro; se brigaram com a esposa, provavelmente chegam ao trabalho de cara amarrada.

Por outro lado, você deve conhecer muitas pessoas que se dão bem com todo mundo, são alegres e cordiais, desfrutam da vida com felicidade.

Ser um Dom Casmurro ou uma pessoa feliz é apenas consequência da maneira como orientamos a nossa mente.

Vale aqui o conceito do pêndulo – o que vai, volta: se você dá simpatia, recebe simpatia; dá grosseria, recebe grosseria; trata bem, é bem-tratado; dá um sorriso, recebe um sorriso. (Não esqueça que o sorriso é um idioma universal – vale em todas as línguas.) Lembre-se também da famosa frase de para-choque de caminhão:

"DEUS LHE DÊ EM DOBRO O QUE ME DESEJARES".

Sintetizando o que já vimos até agora, enumeremos os pontos principais:

1. Quem vou visitar ou quem vou receber?

2. Qual é a escala de importância das informações disponíveis?

3. Qual é o objetivo definido?

4. Se não se alcançar o primeiro objetivo, qual será o segundo?

5. Coloque as informações em ordem de importância decrescente.

6. Certifique-se de que estará oferecendo alguma coisa realmente útil ao cliente.

7. Organize as ideias de maneira lógica e progressiva. Não decore, apenas memorize a sequência.

8. Pense positivamente.

9. Não abuse da autoconfiança.

10. Respeite as ideias do cliente.

11. Visitando clientes, lembre-se de que você entrou sem ser convidado.

Atenção

De nada adianta começar sua argumentação de venda se o cliente não entender o que você diz. O fato de ele estar à sua frente e encarando-o não garante que esteja sintonizado com você.

Imagine um rádio-receptor desligado. O rádio pode estar dentro do estúdio da emissora, mas, enquanto não for ligado, não transmitirá o programa que está no ar. E, ainda que esteja ligado, pode estar sintonizado em outra emissora.

O que nós precisamos é que o "rádio" do cliente esteja "ligado" e "sintonizado" com a nossa "emissora".

Para sintonizar o cliente, precisamos interromper seu processo de pensamento (fazer com que pare de pensar em um compromisso, no filho doente, nas pendências do trabalho, etc.) e trazê-lo para um outro assunto, neutro, para então ligá-lo à nossa conversa.

É um procedimento parecido com o da caixa de câmbio de um automóvel. Se você está usando a primeira marcha, precisa mudar o câmbio para o ponto morto para engatar a segunda. Conquistar a ATENÇÃO equivale a passar para o ponto morto.

A conquista e a manutenção da ATENÇÃO são etapas presentes durante todo o processo de venda e em todas as vendas.

Para isso, existem algumas técnicas. Procure familiarizar-se com elas e exercitá-las, pois disso pode depender boa parte de seus resultados.

A primeira e mais tradicional maneira de conquistar a ATENÇÃO é a apresentação normal: "Bom dia! Eu represento a Eternac. Meu nome é Júlio".

(Você cumprimenta, diz o nome da empresa para a qual trabalha e diz seu nome.)

Normalmente, isso é suficiente para que o cliente dedique atenção a você, pois fará com que se lembre (ou procure se lembrar) da Eternac.

Na loja, você se aproxima e se apresenta: "Bom dia! Posso ajudá-lo? Eu sou Beatriz". Sua aproximação deve conquistar a ATENÇÃO.

Caso isso não ocorra, procure analisar sua postura, trajes, aspecto e o que mais lhe parecer importante.

Conquistar a ATENÇÃO é a primeira parte da guerra. Já sua manutenção é um pouco mais trabalhosa.

Em um escritório, muitas vezes o cliente o manda entrar imediatamente em sua sala. Isso não significa que você conseguiu conquistar sua ATENÇÃO, mas apenas que o cliente é uma pessoa educada.

Se ele pede que você aguarde um momento enquanto termina alguma tarefa em andamento, aproveite para observar o ambiente e adicionar novas informações sobre a empresa.

Quando ele se livrar dos problemas e se dedicar a você, provavelmente a mente dele ainda estará no assunto anterior.

Você precisará colocá-lo em ponto morto, caso contrário poderá estar falando apenas com um zumbi e seus argumentos serão desperdiçados.

Também pode ocorrer uma interrupção enquanto você estiver desenvolvendo sua argumentação (a chegada de uma pessoa ou o toque do telefone).

Outra hipótese é a de o cliente se distrair durante sua apresentação (estar com o pensamento distante em algum problema familiar, financeiro ou íntimo).

No caso de uma loja, essas interrupções podem partir de alguma observação da pessoa que está acompanhando o cliente ou de uma chamada do telefone celular dele.

É nessas ocasiões que você deve usar o que observou na PRÉ-APROXIMAÇÃO (aspectos elogiáveis) para trazê-lo novamente para o ponto morto, assim que ele se desocupar.

O objetivo é colocá-lo de volta à sua frente e, então, sintonizá-lo novamente na sua frequência. Para isso, você precisa "limpar" a mente de seu cliente.

Alguns sintonizadores de ATENÇÃO tradicionais são sempre eficientes, porém precisam ser usados com muito cuidado, pois podem ser mal-interpretados ou considerados bajulatórios, o que pode significar o fim de uma venda que ainda nem foi iniciada.

A mãe normalmente se orgulha do filho; os técnicos se orgulham de seus equipamentos e aparelhos; os comerciantes, do sucesso de seus negócios; os desorganizados, da bagunça de suas mesas; os compradores, da eficiência de suas transações; e os idosos, de sua juventude.

São pontos exploráveis, mas tenha cuidado!

Existem algumas técnicas que podemos usar com mais tranquilidade.

CUMPRIMENTO POSITIVO

Por meio de observação pessoal ou análise da ficha de seu cliente, você pode notar melhora em algum detalhe passível de elogio, como, por exemplo, a mudança de uma região mais singela para outra mais sofisticada da cidade, ou com melhor transporte, ou mais arborizada, ou de uma rua interna para uma avenida.

Se você é um bom observador, descobrirá mil coisas elogiáveis, podendo até tecer comparações com outros estabelecimentos que você costuma visitar.

Uma vitrine bem montada ou uma exposição de produtos em um ponto estratégico são ótimos assuntos para um cumprimento positivo. O *layout* funcional do escritório, aproveitando bem os espaços disponíveis, é outro bom assunto. O uso de equipamentos de última geração, com computadores e sistemas integrados, pode ser bastante explorado.

Todos esses aspectos são elogiáveis, e se você realmente gostou da modificação, pode usar o cumprimento positivo para limpar a mente do cliente.

Tenha o cuidado de só elogiar coisas positivas e que você realmente tenha gostado, caso contrário o cumprimento soará falso e você correrá o risco de comprar uma briga.

Essa técnica é bem mais difícil de ser colocada em prática em uma loja, pois a maioria das observações possíveis não se ajusta a um cumprimento positivo.

Lembre-se de que, quando você elogia alguma coisa, está convidando o cliente a contar a história dessa coisa.

Deixe que ele faça os comentários sobre o assunto que você elogiou (foi você quem pediu), e, quando surgir uma oportunidade, "engate a segunda", ou seja, volte à sua argumentação.

MISTÉRIO

Se você tem uma amostra ou um catálogo de seus produtos, deixe-o à vista, mas não o entregue. Trate-o com cuidado, até com carinho.

O cliente ficará curioso para ouvi-lo falar sobre seu material de trabalho, e ficará atento enquanto você o manusear. Afinal, curiosidade não é privilégio seu, e se engana muito quem pensa que é exclusividade feminina.

A amostra ou o catálogo funcionarão como sintonizadores de atenção pelo tempo que você desejar, e tudo dependerá de sua capacidade de dramatização.

Mas não exagere, pois o cliente poderá perder o interesse pelo material.

PRESTAÇÃO DE SERVIÇOS

A solicitação ou não de uma informação pelo cliente gerará os mesmos benefícios que você, vendedor, deseja: trazer os pensamentos do cliente para um ponto neutro.

O fabuloso mestre Dale Carnegie dizia: "Seja o arauto das boas notícias. As notícias não precisam ser importantes. Se você ouvir falar bem de alguém, vá contar a este alguém o que escutou a seu respeito. Ou diga-lhe que leu seu nome no jornal, ou que tem pensado muitas vezes em alguma coisa que ele disse em encontro anterior".[*]

No entanto, seja prudente ao passar notícias de concorrentes. Jamais revele confidências ou segredos. Espalhe novidades, mas não participe de fofocas.

A novidade tanto pode ser uma informação financeira ou de mercado, como uma de caráter funcional (mudança dos juros, etc.).

Tenha o cuidado também de não entrar em temas que possam causar conflito nem opinar sobre política, futebol ou religião, pois, se abrir uma discussão sobre qualquer desses assuntos, você poderá até se sair bem dela, mas ficará muito difícil fechar a venda.

Se você visita estabelecimentos comerciais de um mesmo ramo de atividade, pode se transformar em um *expert* em alguns assuntos, como, por exemplo, *layout* ou melhor aproveitamento de vitrines e áreas de exposição de produtos.

---

[*] Citado por Percy H. Whiting, *As cinco grandes regras do bom vendedor* (São Paulo: Ibrasa, 1959).

É claro que você não vai mencionar que a ideia vem de outra loja. Afinal, a observação de vários estabelecimentos forma sua própria experiência profissional, que pode e deve ser oferecida a seus clientes.

Digamos que 70% de seus clientes sejam farmácias e drogarias. Todos os dias você visita estabelecimentos semelhantes, e, se tiver um pouquinho de capacidade de observação e senso crítico, notará uma porção de detalhes e de problemas que podem ser resolvidos de maneira fácil, lógica e barata. Por que não transferir para seu cliente suas observações?

Não tente, porém, impor suas ideias, mas apenas oferecer sugestões úteis e executáveis que não exijam grandes investimentos financeiros.

É claro que o cliente não será obrigado a executar o que você sugerir, mas sua atuação ficará marcada e você será lembrado como alguém que, além de oferecer bons produtos, é rico em ideias interessantes. Você se torna uma *persona grata* e será sempre bem-vindo, ou seja, ao chegar você já conquista automaticamente a ATENÇÃO.

EXIBIÇÃO

Uma das mais fortes ferramentas de vendas de que se pode dispor é um catálogo de produtos de boa qualidade, desde que você saiba usá-lo. Melhor do que isso, só a amostra do próprio produto, caso de uma loja ou de algum *showroom*.

Tendo em mãos um catálogo atualizado e bem elaborado, é possível adicionar visualização aos seus argumentos.

Escolha dois ou três itens que melhor valorizem seus produtos e memorize o lugar em que se encontram dentro do catálogo.

Exiba os itens, um de cada vez, argumentando com características e benefícios.

A técnica da exibição tanto pode ser usada para obter quanto para recuperar a atenção, devendo ainda ser usada na fase INTERESSE/DESEJO.

DEMONSTRAÇÃO

Caso o catálogo de seu produto tenha uma versão informatizada e você saiba que o cliente dispõe de um micro compatível (PRÉ-APROXIMAÇÃO), pode-se aguçar a curiosidade dele falando um pouco sobre as características do produto, partindo-se direto para a demonstração. Ele ficará muito curioso e dedicará toda a ATENÇÃO ao assunto.

A possibilidade de fazer um *test-drive* no veículo "engessa" a mente do comprador, que vai prestar absoluta ATENÇÃO em tudo que você disser sobre o carro e imaginar a sensação de dirigi-lo.

A menção à compatibilidade da pigmentação da maquilagem com a pigmentação da pele vai cristalizar a ATENÇÃO da compradora de perfumaria, assim como a qualidade do couro usado nos sapatos vai obter a ATENÇÃO do comprador de calçados do grande magazine.

Em uma loja de roupas, a qualidade dos aviamentos e os detalhes do acabamento vão captar a ATENÇÃO do consumidor.

Ao demonstrar, ou descrever, seu produto, você consegue captar ou recuperar a ATENÇÃO do cliente.

CURIOSIDADE

A curiosidade humana é uma das melhores ferramentas nas mãos de um vendedor hábil.

Ao desenvolver seu método para despertar a curiosidade do cliente, você fatalmente obterá uma alta dose de ATENÇÃO deste.

O antigo método de argumentação empregado por dois grandes professores de vendas, o camelô (não confundir com os ambulantes atuais) e a cigana, é uma boa lição para os profissionais de vendas.

Eles dispunham de apenas 3 ou 4 segundos para atrair a ATENÇÃO do cliente em potencial, o que conseguiam com uma pergunta (às vezes em forma de afirmação), que propusesse algum tipo de vantagem, como dinheiro, felicidade, fortuna, saúde, etc.

A famosa cobra Catarina – que teria poderes fantásticos – nunca saía da mala do camelô, mas isso fazia com que uma porção de incautos ficasse aguardando sua aparição e, assim, ouvisse as qualidades do "elixir da longa vida".

E a cigana que via uma fortuna nos olhos de alguém? Se lesse sua mão, poderia contar com detalhes tudo que lhe era revelado.

Conversa fiada? Sim, mas que atraía uma pequena multidão em meia hora de trabalho. Que bom seria se a gente também conseguisse esse milagre, não é verdade? (Não cabe aqui julgar a honestidade da atitude, mas apenas constatar o fato.) Observe também que eles tinham a habilidade de fazer uma pergunta fechada, que é muito diferente de uma pergunta aberta.

Uma pergunta aberta, como "O que o senhor acha da tecnologia da computação?", é sempre perigosa, pois permite respostas polêmicas com grande margem de discussão, com opiniões personalizadas, que podem ser favoráveis ou não aos seus interesses.

Uma pergunta fechada, e em forma de afirmação, como "Estou lhe trazendo este cupom, que dá direito a cinco aulas grátis sobre tecnologia da computação para qualquer membro de sua equipe", só permite uma resposta positiva ("muito obrigado"), pois você está oferecendo alguma coisa importante livre de ônus.

Não há dúvidas de que o cliente vai querer saber mais, mas para isso terá de dedicar-lhe ATENÇÃO, que é o que você quer.

REFERÊNCIA PESSOAL

Outra maneira de obter ou recuperar a ATENÇÃO é por intermédio da referência pessoal. Ela pode ser usada em três situações:

- quando for um cliente novo, se você mencionar ter sido indicado por um amigo dele;

- se for um cliente tradicional, informe quais outros colegas dele já adquiriram os produtos;

- se o cliente for do tipo desconfiado, informe especificamente algum outro cliente que ele respeite e admire, e que já tenha adquirido os produtos.

Ao usar a referência pessoal, é conveniente certificar-se antes se o cliente visitado conhece e tem boas relações com aquele que vamos mencionar. Em caso negativo, essa técnica pode se transformar em uma barreira difícil de ser transposta.

RECUPERANDO A ATENÇÃO

Muitas vezes estamos no meio da argumentação de vendas e surge uma interrupção (um telefonema ou a secretária com um cheque para ser assinado). Você terá de esperar o fim da interrupção, mas não pode perder o fio da meada para continuar com sua argumentação. Na loja, é comum a cliente conversar com a amiga que a acompanha sobre assuntos que não têm qualquer ligação com as roupas que estão experimentando ou ainda atender a uma chamada no celular.

Memorize em que ponto sua argumentação parou, pois será preciso, em primeiro lugar, recuperar a ATENÇÃO do cliente, tão logo seja possível. Seja paciente e aguarde. No momento oportuno, pergunte:

"Sobre o que estávamos falando?". Conte até dois e diga:

"Ah! Era sobre a visibilidade do painel de instrumentos."

Quando você lança a pergunta, ele faz um esforço para se lembrar do assunto em discussão, o que o obriga a concentrar-se novamente. Como você já o lembrou, ele comodamente volta a acompanhar seu raciocínio.

Mas cuidado! Quando você lança a pergunta "Sobre o que estávamos falando?", não deve esperar que o cliente responda, pois, além de gerar constrangimento, talvez ele não consiga se lembrar do assunto. Nem é isso o que você pretende.

O objetivo é que ele interrompa a linha anterior de pensamento e volte a se concentrar no que você estava falando.

Antes desta seção:

Por se tratar de uma técnica perigosa, recomenda-se usá-la com muito critério, reservando-a apenas para ocasiões especiais em que estejamos muito seguros.

Você só quer recuperar a ATENÇÃO.

Você memorizou o ponto em que seu argumento foi interrompido e deve reiniciar sua apresentação no ponto certo.

O QUE NÃO SE DEVE FAZER

- Não minta nem engane para despertar a ATENÇÃO.
- Não inicie com uma pilhéria, a menos que seja sobre você.
- Não seja muito barulhento nem muito impetuoso.
- Não fale sobre seus próprios problemas ou sua saúde. Seu cliente não se interessa por isso.
- Não fale sobre seu passatempo preferido, pois isso vai induzir o cliente a falar sobre o passatempo dele, e você apenas participará de uma longa conversa infrutífera. Quando se derem conta, o tempo disponível para você terá acabado. Se você estiver conversando sobre pescaria fica difícil mudar o assunto para vendas.

Resumindo...

- Cuide de sua aparência pessoal. Apresente-se como uma pessoa digna de ser recebida. Você é o portador de uma importante mensagem, e sua aparência deve refletir isso.
- Não comece com uma desculpa, pois você traz novidades, progresso, riqueza, saúde, bem-estar ou o que for que você esteja vendendo, e não precisa se desculpar por isso.

- Obtenha uma atitude mental positiva de seu cliente. Evite conquistar sua ATENÇÃO com assuntos potencialmente negativos.

- Nunca diga "Estou aqui apenas para...". Se não tiver um motivo melhor para uma visita, não a faça. Você não tem o direito de desperdiçar o tempo dos outros.

- Faça rapidamente seu sintonizador de atenção.

- Nunca force um aperto de mão. Se o cliente estender a mão, aperte-a, mas não tome a iniciativa. A regra básica é:

O CLIENTE AGE E O VENDEDOR REAGE!

- Mantenha-se a uma distância razoável do cliente. Se você tem problemas de hálito ou suor, poderá causar uma situação de mal-estar. Peça ajuda a seus familiares (que são seus sócios na vida) – o marido, a esposa, um filho – para alertá-lo sobre esses problemas. É melhor receber a orientação de um parente próximo do que passar pelo vexame de ser evitado por um cliente.

- Se estiver sentado, não se espiche na cadeira e nunca se espreguice. Sua postura deve refletir a importância do momento.

- Evite conversar com seu cliente sobre negócios diante de pessoas desconhecidas. Porém, se for o caso de dois ou mais participantes, divida sua atenção entre todos, por igual.

- Sorria. Você pode aprender a sorrir com naturalidade e eficácia, e o sorriso força você a ter uma atitude mental positiva (mas não fique com cara de bobo, com um eterno sorriso nos lábios).

- Depois de um sorriso amável durante o cumprimento, vá direto ao assunto, mantendo uma atitude profissional e uma postura cordial e séria.

- Não procure ser muito esperto logo de início nem seja muito barulhento ou extrovertido, pois poderá colocar o cliente na defensiva.

- Procure saber o nome exato de seu cliente. Se for um nome complicado, peça para ele soletrar.

- Descubra qual o sintonizador de ATENÇÃO que os outros vendedores (concorrentes ou não) estão usando e empregue outro completamente diferente.

- Desperte a curiosidade falando alguma coisa, de preferência positiva, sobre assuntos oportunos.

- Retome o assunto, quando necessário.

Interesse

A VENDA, PARA SER UMA GRANDE ARTE, DEVE IMPLICAR UM GENUÍNO INTERESSE DAS NECESSIDADES DA OUTRA PESSOA; DO CONTRÁRIO, SERÁ APENAS UM MODO ENGENHOSO E CIVILIZADO DE APONTAR UMA ESPINGARDA E OBTER UMA RENDIÇÃO TEMPORÁRIA.

(H. Overstreet)

Conforme foi visto anteriormente, é fácil obter a ATENÇÃO de seu cliente em potencial. As técnicas são simples e funcionam, desde que você esteja treinado.

PRÉ-APROXIMAÇÃO é o trabalho prévio, e a conquista da ATENÇÃO é o verdadeiro *start* da negociação, dando início ao trabalho de vendas propriamente dito.

É hora de despertar o INTERESSE em seu cliente. Ele já conhece o produto que você pretende vender; agora, ele deve saber o que seu produto é capaz de fazer para que se convença de que é necessário comprá-lo.

Para obter o INTERESSE de alguém, devemos explorar os "motivadores básicos" do comportamento humano, entre os quais se destacam:

Alimentação

Conforto

Sexo

Bem-estar familiar

Estar livre do medo e do perigo

SENTIR-SE SUPERIOR À MÉDIA

OBTER APROVAÇÃO SOCIAL

VIVER MAIS TEMPO (desfrutar melhor a vida)

Os cinco primeiros itens deixam de ser motivadores, no caso da maioria dos clientes, pois, por serem muito básicos, normalmente são mais fáceis de serem atendidos.

Os três últimos, porém, são muito bons para despertar o INTERESSE, pois os produtos que você vende devem suprir as necessidades que eles representam.

Sentir-se superior à média de seu grupo de amigos, obter aprovação social de sua comunidade e desfrutar melhor a vida são objetivos atingíveis por intermédio do diferencial representado pelo uso de bens e serviços de alto gabarito (sentir-se superior à média), que identificam pessoas de gosto refinado (aprovação de seus semelhantes), acostumadas a atitudes e informações rápidas e objetivas (mais tempo para a família e o lazer).

Quando você procura despertar o INTERESSE do cliente para sua proposta, comece perguntando se ele deseja ou se ele concorda com determinado benefício, aborde o assunto considerando um desses motivadores.

> NÃO ESQUEÇA QUE, NESTE MOMENTO,
> o cliente deseja saber
> O QUE O PRODUTO FARÁ POR ELE,
> e não o que é o produto.

Observe que o fato de você apresentar seus argumentos com lógica e dentro dos padrões de motivação não garante que o cliente esteja convencido a assinar o contrato. Ele sempre terá razões para não comprar, também conhecidas como objeções.

OBJEÇÕES

A maioria dos vendedores tem medo das objeções e não se dão conta de que elas são de muita utilidade para seu trabalho, pois permitem identificar as razões para não comprar.

Ao objetar, o cliente está lhe transmitindo a seguinte mensagem: "Não compro porque...".

É muito difícil vender para um cliente que não apresenta objeções, pois você tem dificuldade em identificar quais pontos precisam ser esclarecidos ou elucidados.

A objeção é um muro que precisa ser transposto, mas você só pode ultrapassá-lo se conseguir chegar até ele. Por isso, não tenha receio e aprenda a transformar as objeções em valiosas ferramentas de trabalho.

Na área imobiliária é importante saber diferenciar entre objeções verdadeiras e falsas.

As verdadeiras (andar baixo ou muito alto, rua movimentada, proximidade a cemitério, etc.) eliminam o imóvel para determinado cliente. As falsas (cor dos azulejos, condomínio caro, jardim pobre, pouca claridade, etc.) significam que o cliente quer conhecer mais alternativas antes de tomar uma decisão.

Cabe ao corretor satisfazer essa necessidade, pois a decisão de adquirir um imóvel, o qual o cliente terá por dez, vinte ou trinta anos, é muito diferente da de comprar uma camisa. Jamais venda um imóvel caso você perceba que o cliente esteja sendo muito pressionado para fechar o negócio. Você pode até ganhar a venda, mas seguramente terá conquistado um inimigo. E isso é definitivo. Você jamais será indicado a um amigo ou parente dele, e nunca mais terá a oportunidade de realizar um novo negócio com aquele comprador.

Quando o cliente apresentar alguma objeção, proceda da seguinte forma:

a) ouça até o fim, não interrompa e mostre-se interessado;

b) conceda antes de contender, diga "sim" antes de dizer "mas";

c) repita a objeção com suas próprias palavras, mas sob a forma de uma pergunta dirigida ao cliente;

d) apresente a solução, se possível falando ligeiramente no testemunho de outra pessoa, para "amortecer" o choque;

e) caso você queira ganhar tempo para raciocinar ou queira que ele seja mais específico, pergunte o porquê.

POR QUÊ?

Bem colocado, o "por quê?" obriga o cliente a explicar melhor sua objeção; ao tentar explicá-la, muitas vezes ele sente que a objeção é pouco consistente.

Uma criança com um "por quê?" na boca é um terror:

- Por que é que a mamãe está com essa barriga?
- Por que é que você fez isso com ela?
- Por que é que ela está com os pés inchados?
- Por que é que ela tem que ir pro hospital?

E por aí vai, até você "pedir água".

Assim que você consegue explicar um "por quê?", podem surgir outros mais complicados.

Portanto você deve tomar cuidado para não "matar" seu cliente com muitos "por quês", mas pode usar alguns sem perigo de ser expulso da sala.

Uma objeção deve sempre ser usada como um sinal de intenção de compra.

Do ponto de vista psicológico, quando o cliente coloca uma objeção, faz mais do que discutir. A atitude dele equivale à seguinte declaração:

Cliente: "Seu produto é muito bom (eu até gostaria de comprá-lo), mas eu já possuo um carro BXP".

(Você deve concordar primeiro, para depois argumentar.)

Vendedor:

O SENHOR TEM RAZÃO EM PENSAR ASSIM, POIS APARENTEMENTE SERIA UMA DUPLICIDADE, MAS OBSERVE

QUE ESSE TIPO DE VEÍCULO É DESTINADO A UM USO DIFERENTE, POIS ENQUANTO ELE É TIPICAMENTE PARA TRABALHO E LAZER, O BXP É MAIS SÓBRIO. NOSSO VEÍCULO, ALÉM DE PROPORCIONAR ALTO DESEMPENHO, É ADEQUADO PARA TAREFAS MAIS PESADAS, COMO IR PARA A FAZENDA TRANSPORTANDO CARGAS NOS FINS DE SEMANA. ALÉM DISSO...

Se você respondeu à objeção de forma adequada, deve considerar que aquele era o último motivo pelo qual o cliente não queria comprar. Então, é hora de tentar fechar a venda, continuando a argumentação.

... O SENHOR CONTA COM UMA EFICIENTE TRAÇÃO NAS QUATRO RODAS, QUE LHE PERMITE ENFRENTAR COM ABSOLUTA TRANQUILIDADE QUALQUER TIPO DE TERRENO EM QUALQUER TEMPORADA, POIS TODA A POTÊNCIA DO MOTOR É INTEGRALMENTE APROVEITADA, POSSIBILITANDO MELHOR DESEMPENHO. A FORMA DE PAGAMENTO...

Veja que nosso vendedor respondeu à objeção, enfatizou outro ponto e já mudou para os "finalmentes". Ele informou sobre "a forma de pagamento...".

Caso o cliente ainda não esteja convencido, vai apresentar novas objeções. Mas não se preocupe! Trate cada objeção como uma nova oportunidade de fechamento, pois, repetimos, essa era a última razão pela qual ele ainda não tinha se decidido.

Não devemos nos incomodar com as objeções, nem permitir que o cliente deduza que causou um grande abalo em nossa posição, mesmo que a objeção tenha sido feita com muita veemência. Mantenha uma atitude amistosa e descansada, parafraseando e concordando com os argumentos do cliente. Tratá-lo como "amigo" fará com que se torne mais flexível, uma vez que você não está oferecendo "resistência" a seus argumentos.

Todo seu trabalho, durante a etapa INTERESSE, está dirigido no sentido de CONVENCER o cliente de que ele tomará uma boa decisão ao adquirir o que você está propondo, por isso é importante usar o máximo de peso possível em sua argumentação.

Isto se obtém lançando mão dos sentidos do cliente, o que se chama de CONCRETIZAÇÃO.

CONCRETIZAÇÃO

Se atribuirmos a cada sentido (audição, tato, visão, olfato e paladar) um valor simbólico de 20 pontos percentuais, poderemos "medir" a eficiência da concretização.

Quando você fala, o cliente apenas ouve (audição = 20%). Esse é o problema crucial do *telemarketing*, pois é necessário ter criatividade para ativar os outros sentidos.

Se você fala e mostra, adiciona mais 20% ao peso de sua argumentação, chegando a 40%; se você fala, mostra e deixa o cliente manusear o produto, terá atingido 60% de concretização.

Mesmo sabendo que nem todos os produtos podem ser cheirados ou provados, podemos, por exemplo, induzir o cliente, sentado no carro, a sentir "cheiro de carro novo".

É só sugerir que o cliente sinta o cheiro, com uma frase mais ou menos assim: "Cheiro de carro novo é uma coisa deliciosa". Como você o está induzindo a sentir cheiro de carro novo, pode ter certeza de que o cliente sentirá o cheiro, como você determinou aos sentidos dele.

O cheiro já estava lá, misturado com mil outras características. A diferença é que agora foi valorizado e destacado.

Quanto maior o número de sentidos que você conseguir despertar, melhor será a fixação de seus argumentos e mais concreta a ideia do cliente a respeito do que lhe está sendo oferecido.

Não se esqueça, contudo, de que é preciso ativar os sentidos dele. Não espere que o cliente identifique características sozinho, por mais óbvias que sejam.

Se você quer que ele sinta a maciez e o conforto do assento e a visibilidade do painel, coloque-o no banco do motorista e faça uma pergunta fechada (em forma de afirmação), por exemplo:

"Observe que este banco envolve bem e se adapta às suas costas de forma agradável. A visão dos instrumentos também é confortável e fácil. Dificilmente o senhor ficará cansado, mesmo em viagens mais longas".

No momento, você está usando três sentidos (audição, tato e visão = 60%) e forçando uma resposta positiva, pois sua informação é incontestável.

Por outro lado, os sentidos dele, coordenados pela inteligência, confirmam que, de fato, o banco é macio e envolvente e a leitura do painel é fácil (aqui você pode colocar o sentido do olfato, se quiser, aumentando a percepção para 80%).

Quando você faz uma afirmação informando que o sapato é macio, o cérebro do cliente pergunta ao tato do pé se é verdade que o sapato é macio. Se for, o tato responde ao cérebro que é verdade, e você ganha o crédito de uma informação verdadeira. A cada informação que um sentido confirmar como verdadeira, sua credibilidade aumenta e reforça as suas próximas afirmações, consolidando a imagem de seu produto (e a sua) perante o cliente.

A título de curiosidade, observe o risco da mesma pergunta, feita, porém, de maneira aberta:

"O que o senhor acha do banco e dos instrumentos?"

A resposta pode ser:

"Esta cor e este tecido são muito feios, por isso nem quero saber se tem instrumentos."

Nesse caso, você terá criado uma nova barreira, em vez de eliminar as que já existiam naturalmente. Acima de tudo, trabalhe com fatos e não com pretensões insustentáveis, evitando afirmações como: "... e assim por diante", "... melhor do mundo", "qualidade muito boa", etc.

É importante que estejamos conscientes de que

> O CLIENTE COMPRA NÃO PELO QUE VOCÊ FALA, MAS SIM PELO QUE ELE ENTENDEU DO QUE VOCÊ FALOU.

Por isso, não banque o papagaio "alta pressão":

- USE PALAVRAS SIMPLES E CURTAS.
- HABITUE-SE A FALAR PAUSADAMENTE.
- PRONUNCIE CADA PALAVRA POR INTEIRO.
- EXPONHA INTEGRALMENTE SUA IDEIA.

CONSOLIDE SEUS ARGUMENTOS

Quando estamos procurando convencer o cliente e já usamos vários argumentos, devemos ter o cuidado de, de vez em quando, relacionar resumidamente todos os pontos que já foram mencionados:

> MUITO BEM, DR. AMÉRICO. COMO EU MENCIONEI, NOSSO VEÍCULO TEM TRAÇÃO ORIGINAL NAS QUATRO RODAS, TEM O CONFORTO DE UM AUTOMÓVEL LUXUOSO, OS BANCOS SÃO ANATÔMICOS E MUITO CONFORTÁVEIS, E OS INSTRUMENTOS SÃO DE FÁCIL LEITURA. ALÉM DISSO...

Quando você reitera os benefícios de seu produto, está consolidando os argumentos empregados anteriormente, colocando mais peso na balança, valorizando o produto e tornando suas qualidades muito mais importantes que seu preço. Você está demonstrando o valor agregado.

VALOR AGREGADO

Aproveitando o fato de ter mencionado o preço (uma das objeções mais comuns que existem e da qual muitos vendedores têm medo), vamos ver que linha de raciocínio devemos usar para convencer o cliente.

Como você sabe, o preço é um fator relativo que não pode ser analisado isoladamente. O que se analisa é o valor agregado de uma mercadoria, bem ou serviço, usando a seguinte fórmula:

$$\frac{\text{Qualidade} + \text{Disponibilidade} + \text{Serviço}}{\text{Preço}} = \text{Valor agregado}$$

Quanto mais pesados forem os fatores do numerador, menos importante é o denominador:

$$\frac{Q\ (30) + D\ (10) + S\ (10)}{P\ (100)} = \frac{50}{100} = 0,5$$

Pouca qualidade, não é fácil de se encontrar e, se pifar, azar o seu. O valor agregado do produto é baixo, e, consequentemente, o preço é alto.

$$\frac{Q\ (50) + D\ (30) + S\ (20)}{P\ (100)} = \frac{100}{100} = 1,0$$

A qualidade é razoável, não é difícil encontrar o produto e a prestação de serviço é boa, embora não seja maravilhosa. O valor agregado é adequado.

$$\frac{Q\ (70) + D\ (40) + S\ (40)}{P\ (100)} = \frac{150}{100} = 1,5$$

A qualidade é excepcional, existe ampla facilidade de aquisição e o serviço é de primeira classe. O valor agregado é alto, e o preço, consequentemente, é baixo.

Vamos conceituar (para nosso caso) qualidade, disponibilidade e serviço (QDS).

Qualidade é o conjunto de características positivas de um produto, resultante da escolha cuidadosa de seus componentes e da sua boa apresentação, quando comparado a produtos similares.

Disponibilidade é a existência física do material ou de sua assistência técnica em local de fácil acesso, exercida por pessoal habilitado.

Serviço é o conjunto de atividades desenvolvidas para apoiar os produtos adquiridos pelo cliente: assistência técnica de boa qualidade, obediência rigorosa às datas estipuladas, rapidez de entrega, assim como informação rápida e clara sobre qualquer dúvida do cliente.

A evolução das atividades indica há muito tempo que o grande diferencial entre produtos similares é a melhor prestação de serviços, pois os produtos similares estão cada vez mais sofisticados e também mais "similares", restando como única saída uma melhor prestação de serviço. Quem prestar melhor serviço tem maior chance de ser preferido por seu cliente.

Quanto mais elevado o valor do QDS, mais fácil é argumentar rebatendo a objeção preço, pois, à medida que o cliente vai se convencendo, passa a desejar o produto ou a usar o serviço que você está oferecendo.

Todos esses são argumentos que você pode e deve usar quando a finalidade for convencer o cliente.

O eficiente trabalho do Departamento de Assistência ao Cliente, exercido com agilidade e consistência, caracteriza, entre outras, uma boa prestação de serviços.

Resumindo...

- Dê a seu cliente razões suficientes para que ele se sinta justificado na compra.

- Trate as objeções como auxiliares valiosos.

- Ouça até o fim, concordando antes de discutir.
- Repita as objeções com suas próprias palavras.
- Mencione testemunhas.
- Use a técnica do "por quê?".
- Use os sentidos do cliente para que seus argumentos sejam mais bem entendidos.
- Faça perguntas dirigidas e fechadas.
- Treine suas comunicações verbais: use palavras simples e curtas; habitue-se a falar pausadamente; pronuncie as palavras por inteiro; exponha integralmente suas ideias (mas não seja muito chato).
- Condense seus argumentos.
- Rebata preço alto com a fórmula:

$$\frac{\text{Qualidade} + \text{Disponibilidade} + \text{Serviço}}{\text{Preço}} = \text{Valor agregado}$$

Algumas regras para obter o interesse de seu cliente:

- Faça perguntas que despertem o INTERESSE.
- Certifique-se de que a etapa INTERESSE seja realmente instigante, isto é, que o pretendente seja informado sobre os benefícios que seus produtos lhe oferecem.
- Para que o cliente fique interessado no que você está oferecendo, use ao máximo os sentidos dele, se possível permitindo que ele manuseie, cheire, prove, olhe e ouça seu produto.

72 DE VENDEDOR PARA VENDEDOR

- Evite fazer elogios exagerados sobre seu produto.

- Evite empregar um sintonizador de atenção que possa ser contestado.

- Seja sempre sincero.

- Se for o caso, mostre ao cliente as desvantagens ou os prejuízos que terá em não aceitar os produtos oferecidos. Faça com que ele fique insatisfeito com a situação atual.

- Não pense em si próprio ao iniciar um argumento. Pense em seu cliente obtendo o benefício que você oferece.

- Não fale sobre seus problemas, sua saúde ou sua família, pois isso não interessa ao seu cliente.

- Fale com seu cliente sobre o que diz respeito somente a ele, os problemas dele, os lucros, o progresso, a casa, os negócios, a saúde, a família. Isso, sim, interessa a ele.

- Desperte o interesse contando uma história de como seu produto ajudou ou beneficiou um outro cliente.

- Torne-se realmente interessado pela outra pessoa.

CARACTERÍSTICAS – BENEFÍCIOS

Como você sabe, qualquer coisa, sejam produtos, ideias ou serviços, tem suas características próprias.

A qualidade da grafite de um lápis representa uma característica deste; o arame inoxidável usado na confecção de um clipe é uma característica específica de determinado clipe, que pode ser diferente de muitos outros; a capacidade da memória de um aparelho celular é uma característica que o diferencia de outros; as rodas de tala especial de um modelo de automóvel são uma característica daquele tipo de carro; a qualidade do tecido usado em uma blusa é uma característica que a diferencia das demais.

Qualquer característica pode ser transformada em benefício.

Por exemplo: A capacidade de memória deste pequeno telefone celular (*característica*) lhe permite carregar no bolso todas as informações importantes de uso diário (*benefício*).

Os pneus de tala larga (*característica*) propiciam maior superfície de atrito com o solo, o que possibilita melhor aproveitamento da força do motor e maior segurança na frenagem (*benefício*).

A arte de vender é tão maravilhosa que até nos permite flexibilizar os argumentos de forma que, em um determinado momento, alguma coisa seja uma característica, e mais adiante a mesma coisa seja usada como benefício.

Quer ver como isso é possível?

Todas as informações importantes de uso diário (*característica*) são armazenadas neste pequeno telefone celular (*benefício*).

Como você pode perceber, o pequeno telefone celular pode ser o que você quiser que ele seja, de acordo com o que lhe interessar no momento: característica ou benefício.

Isso vale para a maioria das coisas que podem ser transformadas em argumentos e representa um grande trunfo para a consistência de sua apresentação. Como usar essa estratégia?

É simples: você menciona a característica e pede a concordância para o benefício, fazendo uma pergunta ou uma afirmação. Já fizemos isso anteriormente, lembra?

... OBSERVE QUE O BANCO ENVOLVE BEM (*CARAC-TERÍSTICA*) E SE ADAPTA ÀS SUAS COSTAS DE FORMA AGRADÁVEL (*BENEFÍCIO*). A VISÃO DOS INSTRUMENTOS TAMBÉM É CONFORTÁVEL E FÁCIL. DIFICILMENTE O SENHOR FICA CANSADO, MESMO EM VIAGENS LONGAS (BENEFÍCIO AFIRMADO, QUE A MENTE DELE CONFIRMA COMO SENDO VERDADE)...

PRESSÃO INTERIOR, ALTA E BAIXA PRESSÃO

Quando argumentamos com base em características e benefícios, exercemos pressão interior, ou seja, estamos permitindo ao cliente que se autoconvença da qualidade e da utilidade do produto que vendemos.

Mas o que é pressão interior? Vamos explicar melhor.

Você pode vender usando alta pressão, que é aquele tipo de argumentação que encurrala o comprador, sem lhe dar tempo de pensar. Quando ele se dá conta, já realizou a compra, e, quando ficar sozinho, se sentirá ludibriado.

A baixa pressão é usada quando você manda para a casa do cliente, por exemplo, um televisor para demonstração "sem compromisso" durante alguns dias.

O comprador em potencial fica constrangido em devolver o produto, pois ele o usou (e toda a família gostou) e sua consciência lhe diz que estará errado se não oferecer uma compensação ao vendedor, nesse caso, se não comprar o aparelho.

A pressão interior é a mais adequada para o vendedor consciente, pois fornece ao comprador argumentos que o convencem de que vale a pena fechar o negócio que lhe está sendo oferecido.

Desse modo, a pressão é de dentro para fora e ninguém o força a coisa alguma, nem ele se arrepende ou fica com "dor na consciência". Ele compra porque acredita que está tomando a decisão correta, que o produto é bom e que o negócio vale a pena.

E foi você quem fez tudo isso, ao argumentar usando as características e os benefícios.

Desejo

lerto sua atenção para o fato de que as etapas INTE-RESSE e DESEJO se misturam e se autoalimentam, pois quanto mais interessado está o cliente, mais ele deseja possuir o produto. Da mesma forma, quanto mais ele deseja possuir o produto, mais interessado ele fica em absorver o máximo de suas informações.

À medida que seu cliente apresenta objeções e você as responde de forma adequada, você estará convencendo-o da qualidade de seu produto. Isso, porém, não é garantia de compra.

Você e eu podemos estar convencidos de que o Mirage é um dos melhores aviões de caça do mundo, mas nenhum de nós deseja possuir um. Ninguém nos fez desejá-lo, nem nos seria de qualquer utilidade possuí-lo.

Tudo fica diferente se usarmos como exemplo um dos veículos que estão sendo anunciados agora. Estamos convencidos de que o carro é bom e desejamos adquiri-lo um dia.

Por quê?

Porque a publicidade soube abordar os pontos positivos do veículo e despertou nos futuros compradores um desejo de posse.

A propaganda que destaca a maciez, o conforto, o silêncio e a potência de um automóvel tem sido bem veiculada entre nós.

Mas procure ler um anúncio ou ver a propaganda na televisão e você observará que os responsáveis pela campanha publicitária se valem de uma excelente técnica de venda, chamada quadro panorâmico. Esse é um dos pontos no qual a arte de vender tem de superar a técnica, principalmente quando a venda é feita pessoalmente.

QUADROS PANORÂMICOS

Quando você lê a palavra FLORESTA, imediatamente pensa em um bosque ou mata que conhece, e visualiza mentalmente um quadro, como se fosse um filme que se passa em sua mente.

> VOCÊ ESTÁ CAMINHANDO PELA FLORESTA. ELA ESTÁ CHEIA DE PÁSSAROS COLORIDOS E É MUITO FORTE O PERFUME DA TERRA ÚMIDA.
>
> OS RAIOS DE SOL ATRAVESSAM A FOLHAGEM FORMANDO FAIXAS DE LUZ NA AGRADÁVEL BRUMA DA MANHÃ. VOCÊ ESTÁ FELIZ E LEVE.

Percebeu o efeito hipnótico de um quadro panorâmico?

Você foi capaz de visualizar os pássaros, ver o efeito causado pelos raios de sol, lembrar-se do perfume da mata e até se sentiu mais leve. Isso acontece porque nossa mente funciona com a construção de quadros panorâmicos.

As palavras que você ouve ou lê são transformadas em imagens que você conhece ou já vivenciou (mas não tente enriquecer demais os detalhes da floresta para não perder o efeito mágico do argumento).

Considere, ainda, que sua floresta é diferente da minha, embora também seja uma floresta.

O importante é que o cliente veja e sinta a floresta, o carro, a camisa, a mobília (ou o que quer que seja) *dele*, e não o seu.

Quer ver como um quadro panorâmico envolve produtos? É fácil, e já fizemos essa demonstração anteriormente, respondendo a objeções:

> ... O SENHOR CONTA COM UMA EFICIENTE TRAÇÃO NAS QUATRO RODAS QUE LHE PERMITE ENFRENTAR COM ABSOLUTA TRANQUILIDADE QUALQUER TIPO DE TERRENO EM QUALQUER TEMPORADA, POIS TODA A POTÊNCIA DO MOTOR É INTEGRALMENTE APROVEITADA, POSSIBILITANDO UM MELHOR DESEMPENHO...

Um novo quadro panorâmico?

Dr. Américo, como O SENHOR SABE, este veículo com tração nas quatro rodas enfrenta qualquer situação, e até mesmo onde não há estrada O SENHOR CONTINUA o seu caminho.

Ele é forte o suficiente para enfrentar situações pesadas. Mesmo assim, com o conforto que ele oferece, O SENHOR DESFRUTA de outra grande vantagem, pois O SENHOR CHEGA DESCANSADO a qualquer parte. Além disso...

Agora que você observou a argumentação de nosso "colega", leia novamente com atenção especial para três cuidados que ele teve:

1. Imaginou uma situação e descreveu o que estava acontecendo:

   ... O SENHOR SABE... ... O SENHOR CONTINUA... ... O SENHOR DESFRUTA... ... O SENHOR CHEGA DESCANSADO...

2. Usou o cliente como sujeito da ação:

   ... O SENHOR sabe... ... o SENHOR continua... ... o SENHOR desfruta... ... o SENHOR chega descansado...

3. Usou os verbos no presente:

   ... O senhor SABE... ... o senhor CONTINUA... ... o senhor DESFRUTA... ... o senhor CHEGA DESCANSADO...

Quer ver a diferença quando o sujeito e o tempo do verbo mudam?

Este veículo com tração nas quatro rodas enfrentaria qualquer situação, e até mesmo onde não houvesse estrada a pessoa seguiria seu caminho.

Ele é forte o suficiente para enfrentar situações pesadas. Mesmo assim, com o conforto que ele oferece, a pessoa desfrutaria de outra grande vantagem, pois chegaria descansada a qualquer parte. Além disso...

Enquanto na primeira argumentação o cliente visualiza as coisas acontecendo, na segunda ele *até* aceita que isso possa acontecer.

À medida que você descreve o quadro panorâmico, ele imagina as coisas acontecendo e ele próprio sendo beneficiado com os resultados; passa a DESEJAR que a situação seja real, a se sentir dirigindo o *off-road*, com barro voando para todos os lados.

Ao usar o quadro panorâmico, você deve ter o cuidado de *mostrar ao cliente que ele tem uma necessidade, e fazê-lo concordar com isso* ("... LHE PERMITE... ... QUALQUER TIPO DE TERRENO").

Após obter a concordância de que ele tem a necessidade, *mostre como seu produto satisfará essa necessidade* ("... POSSIBILITANDO UM MELHOR DESEMPENHO...").

Vale a pena repetir as duas regras:

- Lembre ao cliente que ele tem uma necessidade e faça-o concordar com isso.

- Mostre como seu produto vai satisfazer essa necessidade.

ÊNFASE E PAUSA

Existem duas ferramentas adicionais que podem ser usadas na fase DESEJO, dando maior peso ainda à sua argumentação. A primeira é a ÊNFASE:

JOÃO FOI À CIDADE HOJE.

Dependendo de onde você coloca a ênfase, muda-se completamente o sentido da frase. Quer ver?

JOÃO foi à cidade hoje.

Entre todos os que podiam ter ido, João é que foi.

João FOI à cidade hoje.

Ele tomou a decisão e foi à cidade.

João foi À CIDADE hoje.

Ele não foi a nenhum outro lugar.

João foi à cidade HOJE.

Depois de tanto tempo e tanta insistência, finalmente, hoje ele foi.

Concorda que é nítida a diferença de sentido que a ênfase propicia?

A outra ferramenta é a PAUSA:

"Ela estava morta. Sono algum poderia ser tão límpido e calmo, tão despido dos estigmas da dor. Sim, ela estava morta".

Vamos considerar um ou dois segundos como o tempo adequado para a pausa para ver como fica o mesmo texto (um segundo equivale a contar mentalmente 1, 2):

"Ela estava morta (2). Sono algum poderia ser tão límpido e calmo (1), tão despido dos estigmas da dor (2). Sim (2), ela estava morta".

E se juntarmos a ênfase com a pausa, qual será o efeito?

DE REPENTE (1), DO RISO (1) FEZ-SE O PRANTO (2)

E DA PAIXÃO (1) FEZ-SE O RESSENTIMENTO (2)

DE REPENTE (2), NÃO MAIS (1) QUE DE REPENTE.

(Vinícius de Morais)

Simples e fácil, não é verdade? Como você pode perceber, esta é uma das ocasiões em que a arte supera a técnica.

Ao chegar a essa altura da argumentação, seu cliente deve estar "quente".

Caso ele continue apresentando objeções, é sinal de que algum aspecto de sua argumentação não foi convincente, ou que ainda existem dúvidas não suficientemente esclarecidas.

Se isso acontecer, é conveniente que você rememore para ele, de forma resumida, toda a sua argumentação, obtendo sua concordância para cada ponto.

Até o momento, você preparou sua visita, "ligou-se" com o cliente, fez com que ele se interessasse por sua proposta, convenceu-o da validade de seus argumentos e fez com que ele desejasse desfrutar dos benefícios mencionados.

Resumindo...

- Use QUADROS PANORÂMICOS para criar no cliente o DESEJO DE POSSE.

- Imagine e descreva uma situação que está ACONTECENDO NESTE MOMENTO.

- Coloque o cliente como SUJEITO DA AÇÃO.

- Use os VERBOS NO PRESENTE.

- LEMBRE AO CLIENTE QUE ELE TEM UMA NECESSIDADE E FAÇA-O CONCORDAR COM ISSO.

- MOSTRE COMO SEU PRODUTO OU SERVIÇO VAI SATISFAZER ESSA NECESSIDADE.

- USE A ÊNFASE E A PAUSA PARA REFORÇAR SEUS ARGUMENTOS.

- SE NECESSÁRIO, REMEMORE SEUS ARGUMENTOS DE FORMA RESUMIDA.

Ação

Depois de conseguir a ATENÇÃO, gerar INTERESSE, convencer o cliente a DESEJAR o que você está lhe oferecendo, só falta conseguir a AÇÃO (ou o fechamento da venda).

Se você rememorar o que leu nas páginas anteriores, verá que nosso vendedor vem aplicando técnicas de fechamento desde o primeiro momento, quando pegou a ficha do cliente, ou quando este entrou na loja (o que vou vender a ele hoje?).

Desde que se começa a "trabalhar" o cliente, o objetivo é apenas um:

FECHAR A VENDA.

E você deve tentar sempre fechar o negócio, em qualquer fase da venda. No momento em que consegue a ATENÇÃO dele, você já tenta fechar.

Vamos simular uma argumentação em uma loja de vestuário:

"Vamos experimentar A JAQUETA para ver se o número é esse mesmo".

a) O vendedor está fazendo uma pergunta em forma de afirmação, o que livra o cliente do incômodo de tomar uma decisão.

b) Observe que, se o cliente concordar com a demonstração, o fechamento já está em andamento, pois, se não houver nenhuma intenção de compra, ele poderá dizer:

"Não, obrigado, estou apenas olhando os modelos disponíveis".

Esse é o momento de começar a trabalhar com a famosa dupla já tratada:

CARACTERÍSTICAS – BENEFÍCIOS

Nosso vendedor argumenta fazendo uma pergunta fechada sobre o benefício; após a resposta positiva, ele informa a característica e pede novamente a concordância para o benefício.

Vamos simular?

"Bem, Dr. Américo, esta jaqueta agasalha muito bem (*característica*), o que elimina a necessidade de usar várias peças de roupa por baixo e lhe dá maior liberdade de movimento (*benefício*), concorda?

O forro de flanela (*característica*) protege melhor contra a penetração do frio, evitando ainda que o senhor se sinta 'amarrado' (*benefício*). Note como é confortável (*benefício*)."

(Observe que nosso vendedor está usando também as técnicas de CONCRETIZAÇÃO.)

Caso o Dr. Américo ainda não esteja suficientemente convencido (ainda não está DESEJANDO), vai continuar colocando objeções:

"Realmente, são aspectos interessantes, mas a verdade é que nem sempre está tão frio assim, e eu acho que pode até ser quente demais em determinados dias".

"Isso não chega a ser problema, Dr. Américo, pois o zíper permite que o senhor retire o forro sempre que ele for desnecessário, possibilitando-lhe maior flexibilidade de uso. O forro, quando não em uso, pode ser guardado no pequeno saco de flanela que cabe neste bolso interno. O zíper é de um modelo largo. Experimente como ele corre fácil. O senhor quer que eu retire o forro e o guarde no saquinho, ou prefere levá-la montada?"

Uma *característica* (jaqueta totalmente forrada) pode equivaler a uma vantagem (agasalha melhor no inverno) que se transforma em um *benefício* (reduz o desconforto de ter de usar outras peças de roupa para se proteger).

Observe que nosso vendedor já fez três tentativas de fechamento:

DEMONSTRAÇÃO: "... experimente como ele corre fácil..."

A experimentação revela a existência de alto grau de envolvimento com o assunto.

Faça o cliente operar o equipamento, o que equivale a ele "pilotar o carro", ou seja, force o uso dos sentidos dele. Na prática, equivale ao fechamento.

INSTRUÇÃO: "... pode ser guardado no pequeno saco de flanela..."

O interesse pelo detalhe é mais um sinal de compra que precisa ser observado pelo vendedor, revelando até que ponto a venda está fechada.

PERGUNTA DUPLA: "... retire o forro... ou prefere levá-la montada?"

Você oferece uma alternativa para o cliente escolher. A tendência humana é escolher entre uma das duas – retirar ou não o forro – desviando do pensamento de comprar ou não a jaqueta.

Além dessas técnicas de fechamento, existem muitas outras. Mas cabe ressaltar, ainda, a PERGUNTA SECUNDÁRIA.

Você apanha o contrato, talão ou bloco, toma posição para começar a preenchê-lo e pergunta: "O senhor prefere levar ou quer que eu mande entregar em casa? (O sapato vai na caixa ou prefere que eu coloque em uma sacola?)"

Como você pode perceber, o detalhe é irrelevante, e o que se quer saber é se a venda está fechada ou não.

A pergunta dupla somada à pergunta secundária é muito forte. Muitas vezes é nesse momento que a venda se completa.

Finalizando, queremos relembrar que os princípios sobre a arte (ou técnica) de vendas aqui abordados são universais, e podem ser aplicados à venda de qualquer produto, ideia ou serviço.

Você está pensando que tudo o que foi escrito até aqui é TEORIA?

VOCÊ ESTÁ ABSOLUTAMENTE CERTO!

A adaptação da teoria à prática é tarefa que competirá apenas a você, pois os argumentos precisarão adquirir seu toque personalizado, como se fossem suas "impressões digitais".

É impossível criar um método de venda para cada pessoa. Você tem os conhecimentos teóricos, além de sua prática de vendedor profissional.

Junte sua experiência à teoria e faça a adaptação ao perfil dos clientes que visitar, à área onde você está localizado, e principalmente à sua maneira de trabalhar.

Adapte tudo à sua personalidade. De nada adianta ler este livro se não experimentar o que foi colocado à sua disposição. Mas não tente fazer tudo de uma só vez.

VÁ POR ETAPAS!

Primeiro treine as maneiras de obter atenção, e, quando sentir segurança em sua argumentação, passe para a etapa seguinte.

Experimente método por método e adote aqueles com os quais tenha se adaptado melhor.

Acima de tudo, *abandone o que não funcionar bem com você*, aprimorando o que estiver apresentando resultados positivos.

SEJA SEU PRÓPRIO CRÍTICO.

E lembre-se: você é um profissional de vendas. Quanto mais hábil e capaz você conseguir ser, melhores oportunidades lhe aparecerão.

TODO SEU TRABALHO E ARGUMENTOS
SÃO IMPORTANTES.

MAS BOM MESMO É O CONTRATO ASSINADO.

BOAS VENDAS!

Índice geral

Ação 85

Apresentação 11

Atenção 45

Características – Benefícios 72

Concretização 65

Consolide seus argumentos 68

Corretor de imóveis 37

Cumprimento positivo 48

Curiosidade 53

Demonstração 52

Desejo 77

Ênfase e pausa 81

Etapas de vendas 23

Exibição 51

Interesse 59

Introdução 13

Mistério 49

Nota do editor 7

Objeções 61

Por quê? 63

Pré-aproximação 29

Pressão interior, alta e baixa pressão 74

Prestação de serviços.. 50

Quadros panorâmicos 78

Recuperando a atenção.. 55

Referência pessoal 54

Resumindo as coisas... 38

Valor agregado 68

Vendendo de loja em loja... 33

Vendendo no balcão da loja... 31

Vendendo veículos... 31

Visitando escritórios.. 35